Date: 6/29/20

Coliseo

Grace Hansen

Abdo
MARAVILLAS DEL MUNDO
Kids

abdopublishing.com

Published by Abdo Kids, a division of ABDO, P.O. Box 398166, Minneapolis, Minnesota 55439.

Copyright © 2019 by Abdo Consulting Group, Inc. International copyrights reserved in all countries. No part of this book may be reproduced in any form without written permission from the publisher.

Printed in the United States of America, North Mankato, Minnesota.

052018

092018

THIS BOOK CONTAINS
RECYCLED MATERIALS

Spanish Translators: Laura Guerrero, Maria Puchol

Photo Credits: Alamy, Getty Images, Granger Collection, iStock, Shutterstock

Production Contributors: Teddy Borth, Jennie Forsberg, Grace Hansen

Design Contributors: Dorothy Toth, Laura Mitchell

Library of Congress Control Number: 2018931833

Publisher's Cataloging-in-Publication Data

Names: Hansen, Grace, author.

Title: Coliseo / by Grace Hansen.

Other title: Colosseum. Spanish

Description: Minneapolis, Minnesota : Abdo Kids, 2019. | Series: Maravillas del mundo |
Includes online resources and index.

Identifiers: ISBN 9781532180507 (lib.bdg.) | ISBN 9781532181368 (ebook)

Subjects: LCSH: Colosseum (Rome, Italy)--Juvenile literature. | Rome--History--Juvenile
literature. | Amphitheaters--Rome--Juvenile literature. | Rome (Italy)--Buildings, structures,
etc--Juvenile literature. | Spanish language materials--Juvenile literature.

Classification: DDC 937.632--dc23

Contenido

El Coliseo de Roma

El Coliseo está en Roma, Italia,

la capital del país.

Italia

5

El Coliseo fue construido entre el año 72 y 80 de la era común (E.C.). ¡Tiene casi 1,950 años de antigüedad!

7

Vespasiano era el **emperador** romano en ese momento. Quería un lugar de entretenimiento y diversión para su gente. Decidió construir un **anfiteatro**.

Los **cimientos** y las **bóvedas**
se construyeron de cemento.
Las paredes y las columnas
se construyeron de piedra.
Se usó azulejo para construir
paredes y el piso.

Vespasiano se murió antes de que se terminara el Coliseo. Su hijo Titus terminó el proyecto. El nuevo **anfiteatro** tenía 80 entradas. ¡Con capacidad para 50,000 personas!

13

Titus quiso celebrar su gran **hazaña**. Organizó 100 días de juegos. Los juegos fueron violentos. Las mañanas empezaban con luchas de animales salvajes.

15

Los días terminaban con combates de **gladiadores**. Estos juegos se celebraron durante cientos de años.

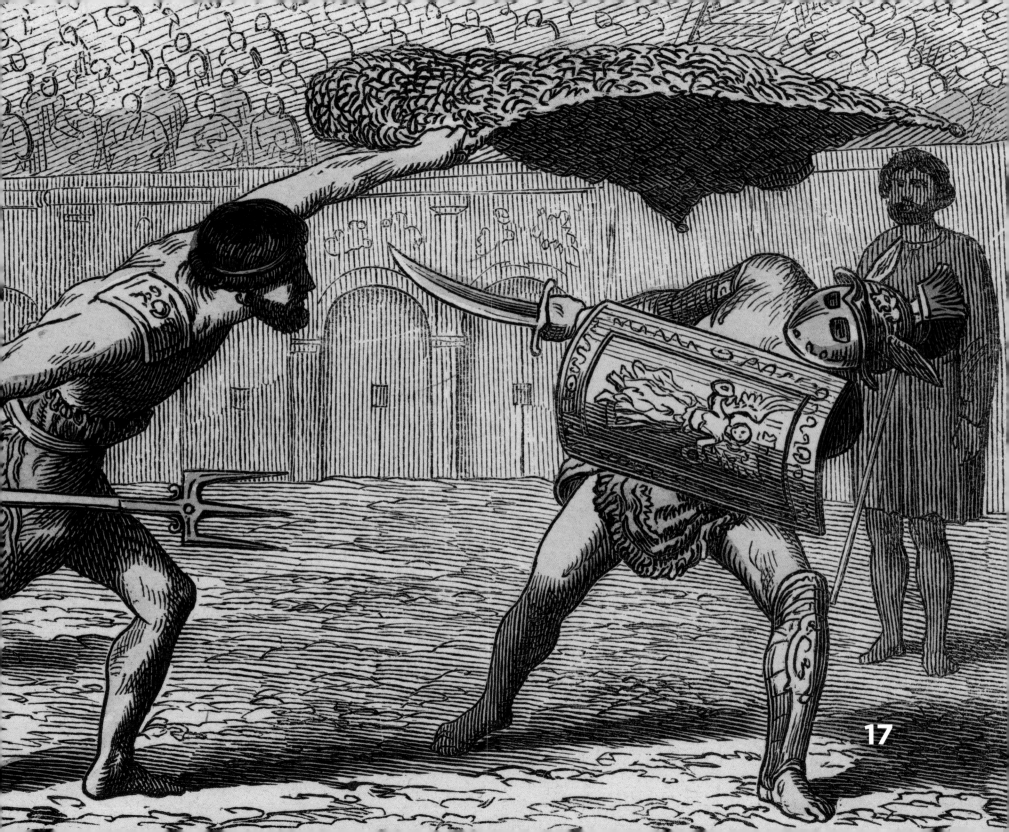

La caída del Imperio romano
fue hacia el año 500 E.C.
El Coliseo dejó de usarse
durante miles de años.

19

Restauración

Hasta 1,990 no comenzaron con su **restauración**. Hoy en día es un lugar de visita muy popular.

Más datos

- Los antiguos romanos a veces inundaban el Coliseo para hacer batallas de barcos.

- Los grandes terremotos de 847 y 1,231 E.C. causaron el peor daño al Coliseo.

- Lo que se ve del Coliseo hoy en día son las galerías subterráneas. Esta zona estaba debajo del suelo. Estaba formada por una red de túneles con 32 jaulas para animales. También tenía huecos verticales que subían al ruedo principal.

Glosario

anfiteatro – edificio ovalado o redondo con gradas desde la zona central abierta.

bóveda – invención romana con la que múltiples arcos combinados sostienen una estructura.

cimientos – estructura de piedra o cemento que sostiene un edificio desde abajo.

emperador – dirigente varón de un imperio.

gladiador – hombre en la antigua Roma que luchaba contra otros hombres o animales, normalmente hasta la muerte, para entretener al público.

hazaña – acto que muestra talento.

restauración – acto o proceso de recuperar algo a su forma original.

23

Índice

Abdo Kids
ONLINE
FREE! ONLINE MULTIMEDIA RESOURCES

¡Visita nuestra página
abdokids.com y usa este código
para tener acceso a juegos,
manualidades, videos y mucho más!

Código Abdo Kids:
WCK4398